EINTAUCHEN

www.tredition.de

Brigitte Bauer erblickte 1954 das Licht der Welt und ihr Weg begann mit all' seinen weltlichen und spirituellen Erfahrungen. Ihr wurde - im Laufe des Lebens - bewusst, dass nichts zufällig geschieht, sondern einem alles zufällt, was man zur Verwirklichung seiner Lebens- bzw. Seelenaufgabe braucht. 2005 fasste sie dieses Wissen in einem Vortrag zusammen, den sie in der Allerheiligen-Hofkirche in der Residenz München hielt. Drei Büchlein folgten.

Dieses Büchlein stellt einen Bezug zur beginnenden Pandemie 2020 her. In berührend beschriebenen Momentaufnahmen des Lebens der Autorin werden die Gedanken aufgezeigt, die einen durchdringen können - durch welches Zeitfenster man auch gerade blickt - das der Vergangenheit, Gegenwart oder Zukunft. Den Auftakt macht ein persönliches Erlebnis, das geprägt wurde durch ein ganz spezielles Lied. Es führt durch das Büchlein und lässt so die weiteren beschriebenen Erfahrungen sowie Erkenntnisse in einem gesellschaftlichen Kontext erscheinen. Das Gerechtigkeits- bzw. Schuldverständnis erfährt eine Neujustierung, ein Sich-bewusst-machen, dass „gut und böse" zwei Seiten einer Medaille sind.
So lädt das Büchlein ein - zu einem Weitblick auf unser menschliches Dasein. Die linke Buchseite bietet Platz für eigene Inspirationen.

EINTAUCHEN

Brigitte Bauer

© 2021 Brigitte Bauer

Autorin: Brigitte Bauer

Verlag & Druck:
tredition GmbH, Halenreie 40-44, 22359 Hamburg

ISBN
Paperback   978-3-347-31513-6
Hardcover   978-3-347-31514-3
e-Book   978-3-347-31515-0

Bibliografische Information der Deutschen Nationalbibliothek: Die Deutsche Nationalbibliothek verzeichnet diese Publikation in der Deutschen Nationalbibliografie; detaillierte bibliografische Daten sind im Internet über http://dnb.d-nb.de abrufbar.

gewidmet allen - ob jung, ob alt

... auf meiner Zeitreise durch's Leben
erkennen, sich fragen, hoffen ...

.......................….….. Momentaufnahmen aus dem Leben …….....…....…......

Inhalt

.... Momentaufnahmen aus dem Leben ....

Es war einmal ...

Ich befinde mich in einem Kaufhaus der 1970-iger Jahre. Ich schlängle mich um die vielen Wühltische mit ihrem Billigsortiment, um die schmale Rolltreppe ausfindig zu machen, die mich hinauf in die Musikabteilung bringen soll. Doch ich lande - wieder einmal - auf der Seite nach unten. Also auf zur gegenüberliegenden Rolltreppenseite, die mich nach oben führt, wieder durch's Getümmel der Leute, die hektisch im Begriff sind, nach etwas zu suchen, nämlich nach dem augenscheinlich Besten, was das Angebot hergibt! Und das ist, für derzeitige Verhältnisse reichhaltig, so dass dieses ständige Sich-entscheiden-müssen, die beste Wahl zu treffen, wohl einen andauernden Kaufhausstress auslöst. So empfinde ich jedenfalls die Energie, die mich erwartet, nachdem ich die, besonders in den kalten Wintermonaten stets übelriechende warme Luftschleuse am Eingang durchquert habe.

Und ich befinde mich im Teenageralter, in einem der vielen Umbrüche meines irdischen Lebens im sog. 7-Jahres-Rhythmus. Diese Zeit scheint mir am intensivsten an Gedanken, Gefühlen, Emotionen, Ideen und Visionen.

Und in dieser fortwährenden aussergewöhnlichen Gemütslage, die ja oftmals von „Himmel hochjauchzend,

.... Momentaufnahmen aus dem Leben ....

zu Tode betrübt" reicht, bringt mich die rollende stäh-
lerne Treppe nach oben in die so sehr ersehnte Musikabteilung. Ich liebe sie! Auch gefällt mir, inmitten von
vielen „Gleichgesinnten" zu sein. Zwar habe ich noch ein
paar Jahre bis zur Volljährigkeit, fühle aber in mir schon
das „Erwachsen sein", das „Tun- und lassen dürfen, was
man will", das „Frei sein". So ist es jedesmal, wenn ich in
diese Welt eintauche, dort, in dieser Musikabteilung des
grossen Kaufhauses.

So bin ich gespannt wie ein Flitzebogen, was ich
dieses Mal vernehmen werde, wenn ich, oben angekommen, mit einem grossen Schritt die Rolltreppe hinter mir
lasse und mich meinem Ziel nähere. Ich traue meinen
Ohren nicht, ich höre „Deep Purple". Dieser ganz und
gar ungewöhnliche Sound, der die ganze Abteilung samt
der nächsten erfasst, löst in mir plötzlich eine gewisse
Ohnmacht aus bzw. den Drang, eine Mauer des Schweigens durchbrechen zu wollen, doch es gelingt mir nicht.
Auch nicht, diesen seltsamen Gefühlszustand in Worte
zu fassen.

Endlich nun angekommen, an den viereckigen, etwa
zwei mal zwei Meter grossen Kästen, in denen unzählige
Finger gekonnt in einer Art wellenförmiger Bewegung
die vielen Single- und Langspielplatten in ihren beein-
druckenden originell gestaltenden Cover-Hüllen hin
und her schubsen, bis zu einem plötzlichen Innehalten

.......................……... Momentaufnahmen aus dem Leben ……...…..…………..

und Herausgreifen einer Schallplatte, dieser einen Schallplatte, nach der man ewig gesucht hat.

Und jetzt kommt der aufregendste Moment, der Gang zu den etwa Dutzend Schallplattenspielern mit den an der jeweiligen Seite hängenden übergrossen Kopfhörern. Es ist nicht leicht, einen solchen Platz zu ergattern, denn die Leute stehen verklärt da, summen oder klopfen im Takt und vergessen scheinbar alles um sich herum. Wie auch mich und ich sie auch, wenn ich dann mit meinen Augen gebannt der Schallplattennadel folge, wie sie spiralförmig, anfangs knisternd und dann auf- und abwiegend im Kreise auf der pechschwarzen Scheibe tanzt und wunderbare Töne von sich gibt. Und ich höre den Song „In the Year 2525 …".

Dieser bekannte Song, dieser Ohrwurm für mich, wird mich mein Leben lang begleiten und mich immer und immer wieder in den grenzenlosen Raum von Vergangenheit, Gegenwart und Zukunft eintreten lassen, so dass mein Geist frei wird in meinen Erinnerungen, Träumen, Alpträumen, wie auch ganz konkret in meinen Visionen …

.......................…….. Momentaufnahmen aus dem Leben ……..…..…………..

Der Virus ...

In den 1950-iger Jahren flammte bei uns eine Epidemie auf, die Kinderlähmung. Und ich bekam sie.

Ich liege in einem, für mich als Kleinkind, riesengrossen Gitterbett aus Metall, dessen angebrachte weisse Farbe am Abblättern ist, umgeben von hohen kalkweissen Wänden. An der Wand mir gegenüber hängt eine grosse runde Uhr, die ebenfalls metallisch schimmert. Alles wirkt totenstill. Nur der riesengrosse Zeiger der Uhr ist lebendig, wenn ich ihm nachgehe, wenn er seine Runden im Kreise dreht und dabei laut vor sich her tickt. Immer dasselbe Spektakel, endlos ohne Sinn ... denn die Uhr lesen kann ich ja noch nicht! Aber auch, wenn ich das könnte, würde sich an der Monotonie dieses Vorganges nichts ändern. Das ist meine derzeitige Erfahrungswelt.

Ich nehme die anderen eingezäunten Kinderbettchen nicht wahr. Ich nehme das Leben nicht wahr. Nur den intensiven Geruch steriler Wäsche und die damit verbundene Einsamkeit in mir und um mich herum, auch wenn sie immer wieder mal unterbrochen wird von den herannahenden lauter werdenden Schritten einer Nonne, die beflissen ihre Arbeit verrichtet, indem sie nach mir schaut, mich abfüttert, mich wickelt und wieder

.......................….. Momentaufnahmen aus dem Leben ....…..….............

zurücklegt auf die weisse Fläche innerhalb der vielen kalten Metallstäbe, wie eine leblose Puppe. Denn mir fehlt die Nähe zu meiner Mutter, die mich kennt, fühlt und weiss, was ich brauche. Eltern durften damals ihre Kinder nicht besuchen. Hospitalismus machte die Runde. Ich schlage mich aber tapfer durch.

Mein Ausgesetzt-Sein in dieser endlosen Eintönigkeit der notwendigen Handlungsabläufe rund um die Uhr erfährt eines Tages, in einer Sekunde, jäh eine Unterbrechung, und zwar durch einen einzigen Satz, der heisst „ich solle an die Lungenmaschine angeschlossen werden". Leben und Tod stehen sich plötzlich unverhohlen gegenüber!

In diesem Augenblick erfahre ich etwas Unerklärliches in meiner irdischen Existenz. Ich werde in eine rein energetische Ebene katapultiert. Wohl meine Seele gibt mir zu verstehen, dass ich zu kämpfen habe in meiner Grobstofflichkeit.

Auf einmal, leicht schwebend wie ein Luftballon, werde ich getragen von lichtvoller Energie, fernab von Zeit und Raum, in einem Bewusst-Sein des Geistes, in mir wie auch ausserhalb. Ich tauche ein in seine Grenzenlosigkeit. Mein Geist befindet sich also „diesseits und jenseits" meines Körpers!

.... Momentaufnahmen aus dem Leben ....

Und in diesem entfacht sich sogleich ein wahrer Kampf. Die Körpertemperatur schnellt nach oben bis zur 42°Grad Marke! Dem Virus wird der Garaus gemacht. Von Stunde zu Stunde geht die Lähmung zurück. Es fühlt sich an wie ein Marathonlauf, ein Wettkampf mit der Zeit, denn mein Körper wird schwächer und schwächer. Doch letztendlich gewinnt er diesen Überlebenskampf. Die Ärzte sprechen von einem kleinen Wunder.

.... Momentaufnahmen aus dem Leben ....

Ich bin Energie ... *zeit- und raumlos*
Ich bin Geist ... *Werkzeug der Seele*
Ich bin Gedanke ... *Werkzeug des Geistes*

Ich bin ... *dieses feinstoffliche Zusammenwirken, das in meinem Körper Ausdruck findet*

.... Momentaufnahmen aus dem Leben ....

In the year 2525 …

Dieser spezielle Song kommt mir wieder in den Sinn. Er begleitet mich nun schon seit Jahrzehnten, wie auch die mit ihm ganz konkret einhergehenden Gedanken dahingehend, wie es wohl mit der Menschheit weitergehen möge, wenn sie so weitermache wie bisher! Denn dieser Text erzählt eine Geschichte über eine Zukunftsvision ab dem Jahre 2525 n. Chr.:

Hat die Menschheit bis zu diesem Zeitpunkt überlebt, wird sie weiter die Herrschaft über sich selbst und den gesamten Erdball manifestieren. Der Mensch stellt sich weiterhin ins Zentrum des Geschehens mit all seinem Machtstreben, seinen Errungenschaften, seinem Gefangensein von Gier nach einer Welt, die sich ihm unterzuordnen hat. So nimmt in dieser Geschichte alles seinen Lauf – mit ihren jeweils 1.010-jährigen sogenannten „Entwicklungsschritten" – über die nächsten 10.000 Jahre! Dann findet diese Herrschaft der Menschheit auf diesem Planeten ein Ende. Und die Frage aller Fragen, wie zu allen Zeiten, stellt sich der Menschheit wieder neu: Was ist der Sinn und Zweck unseres Lebens? Und die Menschheit bekommt wieder die Chance, es anders machen zu können, anstatt wie bisher, im gewohnten Stile.

.........................….…... Momentaufnahmen aus dem Leben ……...…...…..........

Denn wir haben einen freien Willen *und* wir werden geführt. Uns wird zunehmend bewusst, dass wir Menschen nicht alles im Griff haben, auch wenn wir noch krampfhaft an dieser Vorstellung festhalten wollen.

Die Menschheit,
sie steht vor einem großen Wandel.
Mögen wir loslassen Gier, Hass, Verblendung,
Egobestätigung, Rache, Vergeltung.
Es ist höchste Zeit.
Ins Verderben wir stürzen, durch Terror und Kriege,
durch Hungersnöte und Seuchen, denn Macht und
Geld droht zu verschlingen die ganze Welt.
Doch die Erde steigt auf.
Das Dunkel, es bäumt sich auf gegen das Licht,
doch es bricht eines Tages zusammen im Nichts.
Das Nichts ist Alles.
Es bahnt uns den Weg des Lichtes,
es wandelt in uns den Hass zu Liebe,
es führt uns Menschen zu einem friedvollen Leben.

.........................…….. Momentaufnahmen aus dem Leben …….…..…………..

Der Mensch denkt und Gott lenkt.
Das Ganze ist mehr als die Summe seiner Teile.

.......................…….. Momentaufnahmen aus dem Leben ……..….…………..

Das Spinnennetz …

Wir schreiben das Jahr 2020 n. Chr. Ein kleiner Virus geht um die Welt und beginnt alles, aber auch alles auf den Kopf zu stellen von uns Menschen. Er zwingt uns zu dem schon längst überfälligen notwendigen Nachdenken, Umdenken und Handeln, um die Trägheit bzw. das Festhalten an unserem bisherigen Verhalten, dem Verlangen nach Ausbeutung jeglicher Art zu überwinden, indem er uns ausbeutet. Er zwingt uns förmlich in die Knie, rund um den Erdball, und wir Menschen rufen, in nur drei Worten, den globalen Notstand aus:

„Abstand halten, Mundschutz"

Das Spinnennetz der Menschheit ist schlagartig in Bewegung geraten, und zwar in eine, für uns in unbekanntem Ausmasse gewaltige Unordnung, ausgelöst durch diese für uns Menschen neue bedrohliche Virusart. Unser Spinnennetz ist im Begriff, seine Machtstruktur neu zu erfinden. Das ist die momentane Lage, weltweit, spannend und beängstigend zugleich. Wird das Spinnennetz überhaupt halten? Wollen wir Menschen es überhaupt neu gestalten? Das ist die grosse Frage.

.........................….. Momentaufnahmen aus dem Leben …….….…............

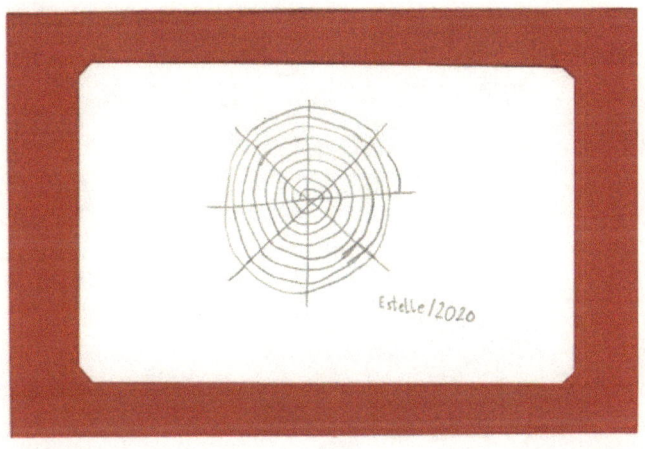

Gelange ich in die „schöpferische Macht"?

.... Momentaufnahmen aus dem Leben ....

Masken ...

Und so komme ich direkt zu diesem Wirken in unserem Alltagsgeschehen, hautnah, im wahrsten Sinne des Wortes.

Jetzt ist es offiziell „wir haben Mundschutz zu tragen", am besten selbst genäht, denn Mundschutz ist, aufgrund der momentanen Nachfrage, zur Mangelware geworden, weltweit! Und so setze ich mich an meine Nähmaschine, die seit Jahren unberührt in meinem Schrank ganz unten verstaut war, schaue mir die Anleitung im Internet an und schon geht's los. Klappt eigentlich ganz gut. Und so werden gleich drei Stück einzigartiger Ausführung von mir angefertigt, aus einer alten kleinen Baumwolltischdecke, die meine inzwischen erwachsenen Kinder natürlich sofort erkennen, als ich sie in dieser Form als Gesichtsverhüllung trage. Die Brille läuft an und ich kriege wenig Luft. Gewöhnungsbedürftig!

Und meine Gedanken schweifen ab zu einem grundsätzlichen Thema „Ist Gesichtsbedeckung überhaupt „tragbar" gemäss unseres Demokratieverständnisses?" Doch jetzt heisst es erst einmal „besondere Zeiten erfordern besondere Massnahmen". Soweit, so gut! Doch nein, meine Gedanken und Gefühle lassen sich mit diesem Statement nicht so einfach abspeisen.

.... Momentaufnahmen aus dem Leben ....

Ein Empfinden steigt in mir hoch, dass ich mich schon während meiner Schulzeit mit Gesichtsmasken konfrontiert sah, mit unsichtbaren Masken, die einem regelrecht den Mund verbaten. Denn wir befanden uns damals in einer Energie bleiernen Schweigens, einer Zeit der Verdrängung schrecklichster Ereignisse, der wir als heranwachsende Generation ausgeliefert waren. Doch in unserem jugendlichen Leichtsinn, der jeder neuen Generation innewohnt, brachen wir, wie bekannt, auf verschiedenste Art und Weise aus, doch es war mühsam, für mich ein alptraummässiges Kapitel.

Ich sehe mich in der ersten Reihe sitzen, vor dem riesigen Holztisch, genannt Pult, das sich auch noch auf einem Podest befindet, so dass man sich angesichts dessen schon mal sehr klein vorkommt, höre den Klang des weissen Kreidestückes von oftmals schrillen Kratzern begleitet, wie es Mathematikformeln an die verschlissene grüne Tafelwand anbringt, während meine volle Aufmerksamkeit dem eigentlichen Macher gilt, dem „Professor" im weissen Kittel. So nannte sich damals der gesamte Lehrstuhl. Ich empfand die Schuljahre wie ein endloses Theaterstück mit der ewig gleichen Rollenverteilung von Wissendem und Nichtwissendem, immer wieder unterbrochen von der lauten sirenenhaften Pausenglocke und unentwegt zensiert von einem roten Stift, dem nie seine Farbe auszugehen drohte.

.......................…….. Momentaufnahmen aus dem Leben ……....…..............

Zurück zur aktuellen Maske, die der sichtbaren wie auch der unsichtbaren zugleich. Sie wurde zur Schutzmaske deklariert, zum Mund- und Nasenschutz! Denn ihre Aufgabe, ihre Funktion besteht darin, mich vor diesem neuartigen Virus zu schützen, der es schaffen könnte, meinem Leben früher als gedacht ein Ende zu setzen, wie es vielen Menschen auf dieser Erde auf hoch dramatische Weise widerfährt, von Land zu Land und Politik verschieden. Es ist eine Pandemie und mir ist bewusst, der Virus macht vor niemandem Halt! Und wir können ihm auch keinen Einhalt gebieten, auch wenn wir mit Hygienemassnahmen und noch so vielen Schutzvorkehrungen, bis hin zu einem entwickelten Impfstoff, glauben, wir hätten die Lage insgesamt im Griff.

Doch was macht nun diese Verhüllung meines Gesichtes mit mir? Ich fühle mich insgesamt nicht mehr so wohl in meiner Haut, irgendwie in undefinierbarer Weise bedroht, sogar richtiggehend unsicher, wenn ich meine vier Wände verlasse und die Strasse betrete. Diese unnatürliche Distanz, die ich zu meinen Mitmenschen erzeuge mit diesem Stück Stoff, das an meinen Ohren hängt, ruft plötzlich Misstrauen hervor. Mir wird schlagartig bewusst, unser soziales Verhalten wird sich verändern! Jeder geht jedem aus dem Weg, macht einen grossen Bogen um den anderen herum. Kein vernehmbarer Gruss ist mehr deutlich zu hören.

.... Momentaufnahmen aus dem Leben ....

Das Glas ist halbvoll …

So kann das nicht weitergehen und ich beschliesse, diese ungewohnte Situation für mich zu lösen gemäss dem Motto „Das Glas ist halbvoll und nicht halbleer"! So versuche ich, die Sachlage aus einem anderen Blickwinkel zu sehen, der sich einem ja immer bietet. Es ist der gleiche Atemzug, den ich mache, mit dieser Schutzmaske vor meinem Mund, doch ich spüre zunehmend, von Tag zu Tag, von Woche zu Woche, aufgrund der mir wohl vorgenommenen anderen Sichtweise, eine gewisse Achtsamkeit in mir aufkommen, ein Innehalten, ein neues Bewusstsein in Bezug auf mein Gegenüber, sei es der Mensch, die Natur oder die Erde selbst. Besonders intensiv nehme ich diesen Zustand wahr auf meinen Spaziergängen im Park, während der uns allen auferlegten Kontaktbeschränkung. Und wie es scheint, geht es den Menschen ähnlich um mich herum. Allesamt haben einen ruhigeren Gang eingelegt, es sei denn, der eine oder andere dreht gerade joggend seine Runden. Doch auch das hat, in unserer energetischen Gesamtverfassung, etwas Meditatives an sich.

Mir wird immer mehr bewusst, dass wir uns in einem Bewusstseinswandel befinden. Durch alle Medien tönt der eine Satz „Die Welt wird nicht mehr die sein, die sie vorher war" und der andere Satz „Der Virus, wie auch

.... Momentaufnahmen aus dem Leben ....

immer geartet, wird uns künftig weiter begleiten". Ich denke, viele „Crashs" werden folgen! Und wir Menschen werden uns besinnen, besinnen müssen, auf die Begrenztheit aller Ressourcen dieser Erde, des Lebens selbst. Denn Grenzenlosigkeit gibt es nicht in unserer grobstofflichen Welt, auch wenn wir Menschen dieser Vorstellung nacheiferten und immer noch nacheifern wollen.

Ich spüre, wie zwei Energiewellen - auf welcher Ebene auch immer - sich aufeinander zubewegen bzw. zusammenprallen, wie

> die des Hasses, die der Liebe,
> die der Dürre, die der Überschwemmung,
> die der Armut, die des Reichtums,
> die von weiss, die von schwarz,
> die der Kälte, die der Wärme,

und die Spaltung der Menschheit auf die Spitze treiben, durch unser Tun. Es ist höchste Zeit, in die Eigenverantwortung zu kommen. Und es liegt an uns, mit was und wie wir das Glas auffüllen wollen.

........................…….. Momentaufnahmen aus dem Leben ……..…..…………..

In diesem Zusammenhang ein kleines, doch prägen-
des Ereignis, die Neueröffnung eines Supermarktes in
meiner Nähe. Supermarkt der Superlative: Riesige
Gänge, eiskalt eingestellte Klimaanlage, laute Musikbe-
schallung, ein Riesenangebot an in Plastikfolie verpack-
ten Produkten, die wie geklont einem in den Regalen
und Glasvitrinen entgegen starren und einen auffordern,
mehr zu kaufen als man will und dazwischen herum-

.... Momentaufnahmen aus dem Leben ....

geisternde Wesen in Schutzmasken, die des Verkaufs-
personals und die der Kundschaft, und die - wie es
scheint - gar keinen gegenseitigen Kontakt mehr aufneh-
men können bzw. wollen. Ich empfinde hier in dieser
neueröffneten Filiale ganz besonders die Spaltung unserer Gesellschaft. Eine Energie, die Angst macht! Ich wage
mich, eine Verkäuferin anzusprechen: „Es ist schade,
dass man sich gar kein Lächeln mehr schenken kann aufgrund der Maske", worauf sie mir erwidert: „Ja, das
stimmt, doch man sieht auch das Böse nicht!". Ich bekomme Gänsehaut.

Und ich ertappe mich, wie ich gerade wieder die Me-
lodie anstimme „In the Year 2525 ...". Und der Song lässt
mich, in der Zeitreise „meines" Lebens, an weitere Gedanken und damit verbundene Erlebnisse erinnern.

.... Momentaufnahmen aus dem Leben ....

Grenzerfahrung ...

Ich werde zurückversetzt in meine Kindheit, eine Zeit der vielen Fragen, auf die sich keine so schnell befriedigenden Antworten finden lassen: Wer bzw. was hat mein Herz im Mutterleib zum Schlagen gebracht? Wo liegt die Grenze vom Regen zum Nichtregen? In welcher Nähe bzw. Distanz sage ich zu jemandem „Grüss' Gott"? Wie lange kann ich den Atem anhalten beim Tauchen?

Jeder Mensch macht seine eigenen Grenzerfahrungen. Und er hat seine eigenen Grenzen zu setzen.

Doch ich liebe die gefühlte Grenzenlosigkeit: Ich sitze in einem Karussell und gleich geht's los. Habe mir sogar zwei Tickets – früher „Chips" genannt – gekauft, damit sie möglichst lange dauert, die Fahrt ins Unendliche! Ich hebe vom Boden ab, spüre den Fahrtwind, der mich plötzlich umwirbelt in der lauen Sommernacht und mein Blick richtet sich einmal in Sekundenschnelle auf die Menschenmenge unter mir und dann wieder einmal in Sekundenschnelle auf den nächtlichen Himmel, auf die unendlich vielen funkelnden Sterne mit ihrem Mond. Ein Wechselbad der Gefühle! Ein magischer Moment, den ich festhalten will.

.... Momentaufnahmen aus dem Leben ....

Gerechtigkeit ...

Meine Mutter nimmt sich, wie immer in Windeseile, meine Hausaufgaben vor und meint, einen Fehler entdeckt zu haben. Und schon rutscht ihr die Hand aus (so nannte man das damals).

Ich mache ihr verständlich, dass da kein Fehler ist und biete ihr, in meiner kindlichen Logik, sogleich eine Lösung an für dieses Missverständnis. Wenn ich nächstes Mal einen Fehler mache, bekomme ich „keine" Ohrfeige! Dann sind wir quitt. Nie wieder kam es mehr zu solch' einer Handlung. Angesichts dieses für mich wohl so einschneidenden Erlebnisses stelle ich mir zeitlebens die Frage: Gibt es überhaupt menschliche Gerechtigkeit? Denn, wenn auch nur unbewusst, war mir die damalige Gesamtsituation - die Ursache - klar, woraus die zu Unrecht bezogene Ohrfeige resultierte. Sie war der täglichen Stressbewältigung geschuldet, in der sich meine Mutter befand.

Vor meinen Augen erscheint „Justitia" mit der berühmten Waage. Sie ist das Symbol für Gerechtigkeit. Sie trägt eine Augenbinde, denn sie ist gerecht und urteilt ohne Ansehen der Person. Doch dürfen wir ver-urteilen?

.........................…….. Momentaufnahmen aus dem Leben …….…….………..

Fragen über Fragen holen mich wiederholt ein. Richte ich da nicht über mich selbst? Haben wir nicht alle die gleichen Schwächen und Fehltritte in Gedanken und Worten, die im schlimmsten Falle in Taten umgesetzt werden in sogenanntem Affekt, vorsätzlich oder in nicht zurechnungs-fähigem Zustand? Oder gibt es nicht einfach auch nur Missverständnisse?

Eines Tages war ich Zeugin eines Unfalls. Ein Auto krachte an einer Wegkreuzung in ein anderes Auto. Und ich meldete mich als Zeugin. So sitze ich nun aufgeregt auf der berühmten Zeugenbank. Meine Gedanken wollen mich beruhigen, ich bin nur Zeuge, nicht angeklagt, es geht nicht um Mord und Totschlag, doch mein Herz schlägt mir, unbeeindruckt dessen, weiterhin bis zum Halse!

.... Momentaufnahmen aus dem Leben ....

Jetzt bin ich an der Reihe und ich werde mit einer ein-
fachen Frage konfrontiert „Welche Seite des Autos
wurde beschädigt?" Wahrheitsgemäss antworte ich ganz
spontan und selbstbewusst „Links, die Seite der Beifahr-
ertüre". Der Richter stutzt einen Moment und stellt mir
dann die etwas eindringlichere Frage „Sind Sie sich da
ganz sicher?". Felsenfest überzeugt, das Richtige zu sagen, bejahe ich diese wiederum mit gutem Gewissen. Ein
paar Sekunden Stille folgen im Gerichtssaal. Dann ver-
nehme ich wieder die Stimme des Richters, diesmal in
wohlwollenderer Absicht „Sie meinen links, die Türe neben dem Fahrer?". In diesem Augenblick fällt es mir wie
Schuppen von den Augen und ich, mit etwas leiserer
Stimme nun, aber erleichtert, mit dem Gefühl, glimpflich
davon gekommen zu sein, antworte mit einem einzigen
Wort: „Genau!". In meiner Vorstellung, wohl der Aufre-
gung geschuldet, befand sich die Bei-Fahrertüre neben
dem Fahrer.

........................…….. Momentaufnahmen aus dem Leben ……..….…………..

Alles liegt im Auge des Betrachters.
Jeder Mensch trägt seine eigene Wahrheit in sich.

.......................…….. Momentaufnahmen aus dem Leben ……..…..………….

Und in diesem Sinne kreisen meine Gedanken weiter um die „menschliche Gerechtigkeit". Ist sie im Grunde nicht nur ein eingebildetes Konstrukt, ein Sehnen nach objektiver Wahrheit inmitten unserer menschlichen Unvollkommenheit, das geprägt ist von rein subjektivem Wahrnehmen? Überschätzen wir uns da nicht? Machen wir uns da nicht etwas vor? Erheben wir da nicht einen Anspruch auf Unfehlbarkeit?

Die Todesstrafe ist bei uns abgeschafft und steht auch nicht mehr in der Verfassung. Doch wir verharren weiterhin in einer „Recht-Sprechung," die dem verurteilten Menschen einen Stempel aufdrückt, der lautet: „schuldig gesprochen", ob er hinter Gitter muss oder nicht. Gesellschaftlich haftet ihm diese „Auszeichnung" ein Leben lang an!

Das schreckliche Verbrechen eines Menschen ist nicht ungeschehen zu machen. Diese Last hat der Täter zeitlebens selbst in seinem Inneren zu tragen.

.... Momentaufnahmen aus dem Leben ....

Es gilt die Tat zu verurteilen, doch nicht den Täter.

.........................…….. Momentaufnahmen aus dem Leben …….....…..………..

Jedoch: Das unermessliche Leid eines Opfers ist nicht ungeschehen zu machen! Es gerät niemals in Vergessenheit! Kann es sich aus solch einer schicksalhaften, verketteten, fatalen Verknüpfung überhaupt befreien?

Das Opfer hat die grösste Bürde zu tragen:
den Schmerz, der ihm zugefügt wurde,
das Trauma, das es zu verarbeiten gilt,
das Wieder-Erringen der menschlichen Würde,
den Weg über die Brücke vor sich sehend,
sich dessen bewusst, dass es Schritte sein werden,
die ihm alles abverlangen,
ein „Über-sich-hinauswachsen", um die Kraft
zu erlangen für die „innere Vergebung".

Doch dieser Weg des Heilungsprozesses, dem ein Opfer ausgesetzt ist, zeigt die Richtung auf in die wieder zu erlangende innere Stärke und Freiheit. Aus solch einer erlebten tiefen Erfahrung heraus kann dieser Mensch überzeugt folgenden Satz aussprechen: Es gilt das Verbrechen zu verurteilen, doch nicht den Menschen.

.... Momentaufnahmen aus dem Leben ....

Finde ich die Kraft zur Vergebung?

.... Momentaufnahmen aus dem Leben ……..…..………..

Die Vision ...

Ich tauche ein in eine andere Welt, im Sinne von anders Denken und Fühlen. Man kann es auch „neues Bewusstsein" nennen. Gedanken, Worte und Taten werden gespeist von einer Quelle des Miteinanders, nicht mehr von der des gewohnten Gegeneinanders. Wir verurteilen uns nicht mehr gegenseitig!

Wir urteilen nach den gleichen Kriterien gemäss der Ursachenforschung und ziehen dann daraus unsere „Konsequenzen" für den für die Tat Angeklagten, zum Schutz seiner selbst wie zum Schutz der Gesellschaft. Es gibt keinen „Schuldspruch" mehr! Die Bezeichnungen „Gefängnis" und „Strafe" sind nicht mehr in unserem Wortschatz zu finden. Es gilt nur noch die Priorität des Schutzes.

Ich habe den Eindruck in dieser Vision, rückblickend, dass wir uns dieser Zielvorstellung behutsam annähern. Denn unsere allseitigen Bemühungen hinsichtlich unseres Zusammenlebens gehen in diese Richtung, eine Welt schaffen zu wollen, in der Mitgefühl das Sagen hat. Das Wort „Empathie" macht bereits die Runde. Doch tauchen wir weiter ein, in diese andere Welt ...

.... Momentaufnahmen aus dem Leben ....

Der Begriff „Schuld" existiert nach wie vor, doch in einem anderen Verständnis. Wir zwingen niemandem mehr die Schuld auf, wie mit dem besagten richterlichen Schuldspruch. Die Rechtsprechung vollzieht eine notwendige „Konsequenz".

So kann unter geschützter Rahmenbedingung sowie Fürsorge eine Schuld, eine *gefühlte Schuld* in mir überhaupt erst entstehen, heranreifen, eine Konfrontation im Spiegel meiner selbst - die mit wohl *grösste* schmerzlichste Erfahrung im Leben eines Menschen – und so ein Umdenken bewirken, eine Weiterentwicklung ankurbeln, um dann in selbst bestimmter Freiheit wieder Fuss fassen zu können.

Und wir sind bereit zu vergeben, nicht nur mit einem dahin gesagten Wort, sondern mit *gefühltem Herzen*.

So kann die *allumfassende Liebe* in uns zum Tragen kommen, die uns allen innewohnt.

.......................…….. Momentaufnahmen aus dem Leben …….…….………..

*Denn unser Lebenselixier ist die Liebe, die Hoffnung,
der Ausdruck unseres menschlichen Daseins.*

.... Momentaufnahmen aus dem Leben ....

Denn wenn wir das Ganze aus der Vogelperspektive betrachten wollen, das Leben aus der Sicht der vielen Inkarnationen in der Dualität von „Täter-Opfer-Rolle", die wir bereits hinter uns gebracht haben und die noch vor uns liegen, dann macht das einen unglaublichen *Sinn*, sich selbst und seinem Gegenüber zu vergeben.

Dies ist eine hoffnungsvolle Vision, angesichts der Tatsache, dass wir Menschen uns immer noch gewaltige Fallstricke und scheinbar unüberwindbare Steine in den Weg legen, die aus jahrhundertelanger Prägung stammen, einem Dualitätsverständnis von „Himmel oder Hölle", „Erlösung oder Verdammnis", „gut oder böse". Doch die Menschheit ist dabei - im Zuge des Bewusstseinswandels - zu erkennen, dass sie diese Art von Dualität transformieren kann, jenseits der gewohnten Wertung von „entweder oder", auf dem Wege des Lichtes zum LICHT mit all' seinen bestehenden Schattenseiten.

Diese Vision erscheint vor meinen Augen eindringlicher denn je. Denn gegenseitige Schuldzuweisungen lassen uns die Köpfe einschlagen und im Chaos enden!

.... Momentaufnahmen aus dem Leben ....

Demonstrative Entschlossenheit, konsequentes, aber weises Handeln, konstruktive Auseinandersetzung, gegenseitiges Vertrauen, brauchen wir *jetzt* mehr denn je, um ein friedfertiges Leben zu „schaffen", in Einklang mit der Natur. Denn wir Menschen sitzen alle in einem Boot.

… In the year 2525 …

Mit diesem Song beende ich nun auch die Zeitreise meiner Gedanken und gemachten Erfahrungen.

.... Momentaufnahmen aus dem Leben ....

Nachwort ...

Und ich stelle mir die Frage, warum gerade dieser Song „In the year 2525 ..." mich das ganze Leben hindurch begleitet?

Es ist wohl die Faszination und die Erkenntnis darüber, dass unsere Menschheitsentwicklung einfach *geschieht*, immer wieder auf's Neue ...

*„Das Grosse geschieht so schlicht, wie das Rieseln
des Wassers, das Fliessen der Luft, das Wachsen
des Getreides, das Blühen einer Blume ..."*

Adalbert Stifter

.... Momentaufnahmen aus dem Leben ....

Zum fortführenden Thema „Selbstverwirklichung"
möchte ich Ihnen gerne meine Webseite mit *Vortrag*
sowie die *drei roten Büchlein* vorstellen:

GRENZENLOSE VERBUNDENHEIT
zum momentanen Geschehen
unserer geistigen Entwicklung
auf dieser Erde

TRANSFORMATION
woher wir kommen
wohin wir gehen

MITEINANDER TEILEN

www.kleine-energiekugel.de

.........................….... Momentaufnahmen aus dem Leben ……..…..…………..

MIX

Papier | Fördert
gute Waldnutzung

FSC® C083411

Zeitfracht Medien GmbH
Ferdinand-Jühlke-Straße 7
99095 Erfurt, Deutschland
produktsicherheit@kolibri360.de